I0070352

FACULTÉ DE DROIT DE PARIS.

Thèse

POUR LA LICENCE.

L'acte public sur les matières ci-après sera soutenu,
le mercredi 22 novembre 1854, à onze heures,

Par PIERRE-FLORIMOND GAUTHERON, né à Nevers.

Président : M. DE VALROGER, Professeur.

Suffragants :

MM. PELLAT,
COLMET-DAAGE, — Professeurs.
DUVERGER,
DEMANGEAT, — Suppléants.

Le Candidat répondra en outre aux questions qui lui seront faites sur les autres matières de l'enseignement.

..........., FILS ET SUCCESSEUR DE Mme Ve BALLARD,
Imprimeur de la Faculté de Droit.
RUE J.-J.-ROUSSEAU, 8.

1854

A LA MÉMOIRE DE MON PÈRE, DE MA SŒUR, DE MA TANTE.

A MA MÈRE.

————

À MON ONCLE BARAT.

JUS ROMANUM.

DE SERVITUTIBUS.

(Dig. , lib. vɪɪɪ, tit. 1, 3 et 4.)

Servitus est jus prædio impositum contra naturam, quo quis in suo aliquid pati aut non facere tenetur. Dicimus jus impositum contra naturam, quia, sicut homines, natura prædia libera sunt solique domino prosunt, quo fit ut qui servitutem intendit, eam probare debeat.

Servitutes sunt aut personarum, ut usus et ususfructus, aut rerum, ut servitutes rusticorum prædiorum et urbanorum. Illæ junctæ personis, hæ vero debentur hominibus propter prædia quæ possident, id est, debentur prædiis.

Servitus prædialis est fragmentum dominii.

Ipso quidem jure servitutes neque ex tempore, neque ad tempus, neque sub conditione, neque ad certam conditionem (verbi gratia, quamdiu volam) constitui possunt. Sed tamen, si hæc adjiciantur, pacti vel per doli exceptionem occurretur contra placita servitutem vindicanti.

Ex substantia servitutum prædialium est ut prædio servitus debeatur. Hinc, ut pomum decerpere liceat, ut spatiari, ut cænare in alieno possimus, servitus imponi non potest.

Servitus, jus in re, incorporalis est et solum imponi potest rebus corporalibus. Hinc servitus servitutis esse non potest. Sed quod jure servitutis non valet, potest quis obligationis jure consequi.

Quum prædialis servitus individua est, viæ, itineris, actus, aquæductus pars in obligationem deduci non potest. Et ideo si stipulator decesserit pluribus hæredibus relictis, singuli solidam viam petunt; et si promissor decesserit, pluribus heredibus relictis, a singulis hæredibus solida petitio est.

Unus ex dominis communium ædium servitutem imponere non potest.

Servitutum non est ea natura, ut aliquid faciat quis (veluti viridia tollat, aut amœniorem prospectum præstet, aut in hoc ut in suo pingat), sed ut aliquid patiatur, aut non faciat.

DE SERVITUTIBUS RUSTICORUM PRÆDIORUM.

(Dig., viii, 3.)

Iter, actus, via, aquæductus servitutes rusticorum prædiorum sunt.

Iter est jus eundi et ambulandi hominis; ire est recta pergere, seu per fundum vicini ad suum transire; ambulare est spatiari voluptatis causa : receptum fuit enim ut quis jus eundi haberet, posset ambulare, quamvis id ad utilitatem prædii non pertineat, sed magis ad personam.

Qui iter habet potest ire pedes, equos, in lectica, sed vehiculum, armenta agere non potest.

Actus est jus agendi jumentum aut vehiculum : agere est coram se pellere.

Via est jus eundi et ambulandi et agendi jumentum et vehiculum.

Differunt via et actus:

1° Via, iter et actum in se continet, adeo ut qui petit viam, jus eundi et agendi simul vindicet. Actus iter non continet expresse et directo, sed per consequentiam tantum, quatenus cui plus licet quod minus est non licere.

2° Latitudo viæ lege Duodecim Tabularum in porrectum octo pedes habet ; in anfractum, id est, ubi flexum est, sedecim. Latitudo actus legibus definita non est; ideoque si a contrahentibus expressa non fuerit, recurrendum erit ad arbitrium boni viri.

3° Qui habet viam, potest hastam rectam ferre; qui actum habet, non potest, sed debet eam submittere : differentia procedit ex eo quod, cum angustior sit actus quam via, qui actum tantum habet, hastam rectam gerens, arboribus fructibusve nocere posset.

Aquæ haustus est jus aquæ hauriendæ ex fonte alieno.

Qui habet haustum, iter quoque habere videtur ad hauriendum, et sive ei jus hauriendi et adeundi cessum sit utrumque habebit : sive tantum hauriendi inesse et aditum. Hæc de haustu et fonte privato.

Aquæductus est jus aquæ ducendæ per fundum alienum per tubos vel canales.

In rusticis computanda sunt pecoris ad aquam adpulsus, jus pascendi, et cætera jura.

Pecoris pascendi servitutes, item ad aquam appellandi, si prædii fructus maxime in pecore consistat, prædii magis quam personæ videntur. Si tamen testator personam demonstravit, cui servitutem præstari voluit, emptori vel heredi non eadem præstabit servitus.

Ergo vindicari poterit.

Neratius ex Plautio ait nec haustum pecoris, nec adpulsum, nec cretæ eximendæ, calcisque coquendæ jus posse in alieno esse, nisi fundum vicinum habeat. Sed ipse dicit ut maxime calcis coquendæ et cretæ eximendæ servitus constitui possit, non ultra posse, quam quatenus ad eum ipsum fundum opus sit :

Veluti si figulinas haberet, in quibus ea vasa fierent, quibus fructus ejus fundi exportarentur, sicut in quibusdam fit, ut amphoris vinum evehatur, aut ut dolia fiant, vel tegulæ ad villam ædificandam. Sed si, ut vasa venirent, figulinæ exercerentur, ususfructus erit.

Si unus ex sociis stipuletur iter ad communem fundum, inutilis est stipulatio ; quia nec dari ei potest. Sed si omnes stipulentur, sive communis servus, singuli ex sociis sibi dari oportere petere possunt : quia ita dari eis potest a te : ne si stipulator viæ plures heredes reliquerit, inutilis stipulatio fiat.

Unus ex sociis fundi communis permittendo jus esse ire, agere, nihil agit : et ideo si duo prædia quæ mutuo serviebant, inter eosdem fuerint communicata quoniam servitutis pro parte retineri placet, ab altero servitus alteri remitti non potest : quamvis enim unusquisque sociorum solus sit, cui servitus debetur, tamen quoniam non personæ, sed prædia deberent, neque adquiri libertas, neque remitti servitus per partem poterit.

COMMUNIA PRÆDIORUM TAM URBANORUM QUAM RUSTICORUM.

(Dig., viii, 4.)

Ædificia urbana quidem appellantur prædia ; cæterum et si in villa ædificia sunt, æque servitutes urbanorum prædiorum constitui possunt.

Ideo autem hæ servitutes prædiorum appellantur, quoniam sine prædiis constitui non possunt. Nemo enim potest servitutem adquirere vel urbani vel rustici prædii, nisi qui habet fundum.

Quo modo servitutes prædiorum constituantur et adquirantur.

Servitutes prædiales aut testamento aut inter vivos consti-
tuuntur.

Testamento potest quis heredem suum damnare ne alius ædes
suas tollat, vel ut patiatur vicinum per fundum suum, vel here-
dis, ire, agere, aquamve ex eo ducere.

Vice versa potest quis testamento efficere ut suo prædio servitus debeatur ab illo quod legaverit.

Inter vivos etiam acquiruntur servitutes : deductione :

Duorum prædiorum dominus si alterum ea lege tibi dederit,
ut id prædium quod datur, serviat ei quod ipse retinet, vel
contra, jure imposita servitus intelligitur.

Pactis et stipulationibus servitus stipulata debetur, sed ut
constituatur, oportet ut venditor liceat emptorem frui; usus
enim hujus juris pro traditione possessionis accipiendus est. Ideo
alienator cavere debet per se non fieri quominus emptor utatur.

Adjudicatione potest constitui servitus ; in actionibus familiæ
erciscundæ et communi dividundo, et quidem sine titulo, longa
quasi possessione : sic servitus aquæductus et jus aquæ ducendæ
cum nec vi, nec clam, nec precario exercitæ fuerunt.

Quo modo servitutes amittantur.

Non utendo. — Si biennio vel rusticorum, vel urbanorum servitutibus prædiorum non usum sit, amittantur. Servitutes rusticorum prædiorum amittebantur tantum si nec dominus nec
colonus ejus servitute non uterentur : sed necesse erat pro
urbanorum prædiorum servitutibus ut fundi servientis dominus
aliquid servituti contrarium fecisset. Justinianus constituit ut
decennio inter præsentes et viginti spatio annorum contra ab-
sentes servitus perimatur.

Destructione vel dominantis vel servientis fundi.

Confusione si idem utriusque fundi dominus esse cœperit, nemini enim sua res servit jure servitutis.

Resolutione juris illius qui constituit. — Nemo plus juris ad alium transfert quam ipse habet. Resoluto jure dantis resolvitur jus accipientis.

Denique *remissione servitutis.*

POSITIONES.

I. Servitus pro parte acquiri vel amitti non potest.

II. Jura servitutum, apud Romanos, pactis et stipulationibus non constituebantur.

III. An vicina debeant esse prædia quorum alterum alteri servit ? — Distinguendum.

IV. Quibus signis prædiorum urbanorum servitutes a servitutibus prædiorum rusticorum distinguuntur.

DROIT FRANÇAIS.

DE L'USAGE ET DE L'HABITATION.

(Code Nap., art. 625-637.)

La propriété est le droit de jouir et de disposer des choses de la manière la plus absolue, pourvu qu'on n'en fasse pas un usage contraire aux lois et aux règlements. Le droit de propriété est donc le droit le plus étendu qu'on puisse avoir sur une chose. Mais personne n'ignore que ce droit est complexe, qu'il se compose de plusieurs éléments, et que le droit d'usage est un démembremeut de ce droit.

COMMENT S'ÉTABLIT LE DROIT D'USAGE.

Si nous consultons l'art. 625 du Code Napoléon, nous voyons que les droits d'usage s'établissent de la même manière que l'usufruit, et tout le monde sait que l'usufruit s'établit par la loi ou par la volonté de l'homme. Nous trouvons un cas d'usufruit légal dans l'art. 384, ainsi conçu : « Le père, durant le mariage,

« et après la dissolution du mariage , le survivant des père et
« mère auront la jouissance des biens de leurs enfants jusqu'à
« l'âge de dix-huit ans accomplis ou jusqu'à l'émancipation ,
« qui pourrait avoir lieu avant l'âge de dix-huit ans; et les
« charges de cette jouissance seront celles auxquelles sont tenus
« les usufruitiers. » L'art. 754, au titre des successions, en men-
tionnant que dans les successions collatérales, le père ou la mère
survivant a l'usufruit du tiers des biens auxquels il ne succède
pas en propriété, nous donne un autre exemple d'usufruit
légal.

Mais où trouver un cas d'usage légal, un seul ! En vain nous
feuilleterions le Code d'un bout à l'autre. Il y a bien quelques
jurisconsultes qui ont regardé comme usage légal le droit accordé à la veuve sous le régime de la communauté, de se loger
aux frais de cette communauté pendant les trois mois et qua-
rante jours nécessaires pour faire inventaire et délibérer. Mais
c'est en vain que, selon nous, on voudrait y voir un droit réel,
ce n'est qu'un droit de créance purement et simplement.

L'usage peut, du moins, s'établir par prescription de dix et
vingt ans avec juste titre et bonne foi, et même par celle de
trente ans sans titre ni bonne foi, si celui qui a exercé le droit
d'usage en a joui d'une manière publique, continue, perma-
nente.

L'usage peut être établi purement et simplement, ou à terme,
ou sous condition soit suspensive, soit résolutoire. Il peut même,
à la différence de l'usufruit, être perpétuel dans sa durée quand
il est accordé à une corporation, une communauté qui n'absorbe
pas tous les fruits du fonds.

DE LA NATURE ET DE L'ÉTENDUE DU DROIT D'USAGE.

A Rome, celui qui avait le droit d'user d'une chose n'avait

primitivement droit à aucun fruit : *erat usuarius sine ullo fructu*.
Avait-on l'usage d'un esclave, on pouvait en tirer tous les services qu'il pouvait rendre, le faire travailler pour soi comme on
l'entendait ; mais le maître ne pouvait le faire travailler pour
autrui moyennant salaire, parce qu'il aurait retiré des fruits
civils, et le droit d'usage romain s'y refusait. Avait-on l'usage
d'un champ, le seul droit qu'on possédait était celui de se pro-
mener sur ce champ, *spatiari*, à condition, toutefois, que lors
des culture, semence et moisson, on ne gênerait en rien l'exercice du *fructuarius* ou du *dominus*.

Plus tard, on se départit de la rigueur des principes et on per-
mit à l'usager de prendre les fruits dont il aurait besoin jour
par jour.

En droit français, l'usage est le droit de se servir de la chose
d'autrui dans la proportion de ses besoins et de ceux de sa famille ; et par famille nous entendons tous ceux dont le bénéficiaire est le chef, c'est-à-dire ses enfants légitimes, ses enfants
naturels reconnus, ses enfants adoptifs et les domestiques qui
lui sont nécessaires, suivant son état et sa condition. C'est de
cette manière que nous interpréterons le mot famille pour le
droit d'habitation, droit qui, en réalité, n'est que le droit d'u-
sage d'une maison.

Ordinairement le droit d'usage se règle par le titre qui l'a
établi et reçoit, d'après ses dispositions, plus ou moins d'étendue. Aussi, le droit d'usage constitué par le titre peut-il être
indépendant des besoins de l'usage et être toujours le même,
que ses besoins deviennent plus ou moins nombreux, que sa famille augmente ou diminue. Dans ce cas, c'est une espèce de
forfait. Si le titre lui concède le droit de prendre chaque année
six hectolitres de blé, que la naissance vienne à accroître le
nombre de consommateurs ou que la mort vienne à l'amoin-
drir, le bénéficiaire aura toujours droit à six hectolitres de blé.

Que si le titre est muet sur la quantité de blé, dans ce cas, celui qui a l'usage des fruits d'un fonds ne peut en exiger qu'autant qu'il lui en faut pour ses besoins et ceux de sa famille. Et comme ces besoins varient suivant le *quantum* des personnes, les fruits auxquels il aura droit suivront la même variation.

Le règlement de part se fera chaque année à l'époque où les fruits seront perçus.

La faculté de prendre les fruits étant mesurée sur les besoins de l'usager et de sa famille, il s'en suit que celui-ci ne peut ni vendre, ni céder, ni louer son droit à un autre. S'il en était autrement, il pourrait arriver ou que le cessionnaire serait autorisé à percevoir les fruits dans la limite de ses propres besoins, et ses besoins pouvant être plus grands ou moindres que ceux du cédant, le droit primitif d'usage serait alors modifié; ou bien encore le cessionnaire ne pourrait avoir droit qu'à la portion de fruits déterminée par les besoins de l'usager cédant; mais comment déterminer ces besoins, ne serait-ce pas à peu près impossible?

De ce que l'usage ne peut être ni cédé ni loué, qu'il fait corps avec l'usager, qu'il est inhérent à sa personne, il en résulte qu'on ne peut le saisir. Car, de quelle utilité serait la saisie? On saisit, j'imagine, pour arriver à la vente, et nous venons de voir qu'on ne peut vendre?

Ce droit n'est pas non plus susceptible d'hypothèque, l'hypothèque est une mesure conservatoire prise pour arriver au payement d'une chose, pour arriver à son aliénation, et à quoi servirait d'hypothéquer une chose qui est inaliénable.

Pourtant, nous pensons que, quand le titre constitutif d'usage permet de vendre, louer ou céder ce droit, cette convention doit être respectée comme toute convention contraire ni à l'ordre public ni aux bonnes mœurs; dans ce cas-là il sera possible de saisir sur l'usager son droit d'usage.

DES OBLIGATIONS DE L'USAGER.

En principe, l'usager, comme l'usufruitier, ne peut jouir de son droit d'usage sans donner préalablement caution et sans faire des états et inventaires.

Le vendeur ou donateur avec réserve d'usufruit étant dispensé de donner caution, le donateur ou vendeur avec réserve d'un droit d'usage sera, selon nous, dispensé de la fournir.

Nous pensons aussi que l'usager ne sera tenu ni de donner caution ni de faire des états et inventaires, quand il ne jouira pas par lui-même; et il ne jouira pas par lui-même quand il n'absorbera qu'une portion des fruits. La caution, les états et inventaires ne sont nécessaires que quand on peut craindre quelque abus de jouissance. Or, nous supposons que l'usager n'est pas en possession, ne cultive pas par lui-même, reçoit simplement les fruits auxquels il a droit du propriétaire du fonds.

Que s'il absorbe tous les fruits du fonds, l'usager devra jouir en bon père de famille, en administrateur sage et vigilant, payer les contributions, frais de culture et réparation d'entretien. Dans le cas où il ne prendra qu'une partie des fruits, il contribuera au prorata de ce dont il jouira.

EXTINCTION DU DROIT D'USAGE.

D'après l'art. 625, l'usage s'éteint de la même manière que l'usufruit :

Ainsi, il s'éteint par la mort naturelle de l'usager;

Par l'expiration du temps pour lequel il a été concédé.

Par la consolidation ou réunion sur la même tête des deux qualités d'usager et de propriétaire;

Par le non usage du droit pendant trente ans;

Par la perte totale de la chose sur laquelle il a été constitué ;

Par l'abus de jouissance de l'usager quand il est mis en possession ;

Par la résolution du droit du constituant.

DU DROIT D'USAGE DANS LES BOIS.
(Code forest., 01-85, 120 et 121.)

L'usage des bois et forêts est une servitude qui donne à celui qui y a droit la faculté de demander pour ses besoins, et à raison de son domicile, certains produits d'une forêt appartenant à un autre. C'est une servitude réelle, car elle n'est pas due à la personne, mais aux fonds formant le territoire de la commune. C'est une servitude discontinue et non apparente, qui ne donne à l'usager aucun droit de copropriété. Les droits d'usage principaux sont : celui de prendre du bois, soit pour se chauffer, soit pour réparer sa maison, le droit de mener paître ses bestiaux, de les nourrir des glands, faînes, etc.

Nous allons d'abord parler de ces droits dans les bois et forêts appartenant à l'État, puis nous dirons un mot de ces droits dans les bois des particuliers.

DROITS D'USAGE DANS LES BOIS ET FORÊTS DE L'ÉTAT.

L'usage des bois et forêts est une servitude fort ancienne. Son origine est toute féodale. Pour peupler, pour cultiver les immenses domaines dont ils étaient propriétaires, les seigneurs sentaient le besoin de se créer des vassaux; mais pour les attirer sur leurs

terres, il fallait concéder à ceux qui viendraient certains privi-
léges dans leurs forêts, tels que le droit de faire paître leurs
bestiaux, de ramasser le bois mort pour se chauffer, et de cou-
per les arbres nécessaires pour bâtir leurs maisons. Par le
même motif, il y eut des concessions de droit d'usage émanées
directement des princes dans les forêts domaniales. Mais les
vassaux devinrent nombreux, les villages se formèrent et les
forêts diminuèrent dans une proportion effrayante. Aussi, pour
pallier le mal, en 1669, on rendit une ordonnance interdisant
toute concession de droits d'usage dans ces bois. On n'appliqua
pas le remède avec assez de vigueur, et le mal ne fit que s'accroître. Il parut bien deux nouvelles lois, l'une le 28 ventôse
an XI et l'autre le 14 ventôse an XII ; on n'arriva pas encore au
résultat désiré, parce qu'on transigea avec la loi ; il était réservé
à la loi du 31 juillet 1827, promulguée sous le nom de Code
forestier de faire cesser cet état de choses.

L'art. 61 de cette loi porte que : seront admis à exercer un
droit d'usage quelconque dans les bois de l'État : 1° ceux dont
les droits auront été, au jour de la promulgation de la présente
loi, reconnus fondés, soit par des actes du Gouvernement, soit
par des jugements ou arrêts définitifs ; 2° ceux dont les titres
seront reconnus tels par suite d'instances administratives ou
judiciaires actuellement engagées, et par instances administratives, nous entendons les arrêtés des conseils de préfecture,
rendus ou à rendre lors du dépôt des titres ; 3° ceux dont les
titres seront reconnus valables par suite d'instances intentées
devant les tribunaux dans le délai de deux mois, à partir de la
présente loi, pourvu que ces usagers soient actuellement en
jouissance.

Comme les forêts répondent à de nombreux besoins, sont
d'une grande utilité pour l'industrie particulière, pour les constructions maritimes, le Gouvernement a voulu les libérer de

ce droit onéreux d'usage : c'était les conserver que d'agir ainsi.
Il déclara qu'on pourrait affranchir les forêts de l'État de tout
droit d'usage en bois moyennant un cantonnement qui serait
réglé de gré à gré, et, en cas de contestation, par les tribunaux.
Ainsi, l'État, en compensation de la portion d'usage dont les
usagers sont privés, leur attribue en pleine propriété une partie
de la forêt grevée. Le Gouvernement étant le seul appréciateur
du mal que cause le droit d'usage, est le seul, par conséquent,
qui puisse demander cette réduction à une portion de la pleine
propriété.

Quelle que soit l'espèce de droit d'usage en bois que l'on ait
dans une forêt, on ne doit jamais l'étendre au-delà des besoins
du fonds dominant et des besoins de la personne qui possède
ce fonds. La sanction de cette décision se trouve, selon nous,
dans la défense faite aux usagers de vendre ou échanger les bois
qui leur sont délivrés, sous peine, s'il s'agit de bois de chauf-
fage, d'une amende double de la valeur du bois, sans que cette
amende puisse être au-dessus de quatre-vingts francs.

DES DROITS DE PATURAGE, PANAGE OU GLANDÉE DANS LES FORÊTS DE L'ÉTAT.

Le droit de pâturage consiste dans la faculté de mener les
bestiaux paître dans les bois à certains endroits déterminés, et
à certaines époques de l'année.

Ce droit se nomme dans quelques lieux, pacage ou paisson,
et, s'il se rapporte particulièrement au pâturage des porcs, à
l'époque où les fruits tombent des arbres, on le nomme soit
glandée dans un sens restrictif, soit panage si les porcs doivent
pâturer, non-seulement des glands, mais aussi des faînes et tous
autres fruits de la forêt.

Les usagers ne peuvent jouir de leurs droits de pâturage que pour les bestiaux à leur propre usage et non pour ceux dont ils font le commerce, à peine d'amende.

Je ne ferai que passer sur les chemins par lesquels on doit conduire les bestiaux à la forêt, sur leur garde par un pâtre commun, sur la marque des bestiaux et les clochettes dont ils doivent être pourvus, sur les contraventions aux limites du pâturage, le Code forestier est clair sur ce sujet et ne souffre aucune explication.

L'exercice du droit de pâturage dans les forêts n'étant pas l'exercice du droit de pleine propriété qui permet d'user et d'abuser, le législateur a dû régler l'exercice de ce droit en conciliant, toutefois, l'intérêt public avec l'intérêt privé.

Ainsi, quel que soit l'âge ou l'essence des forêts, les usagers ne peuvent exercer leur droit de pâturage que dans les bois déclarés défensables, et ce, nonobstant toutes possessions contraires.

Tout bois est réputé non défensable : c'est le droit commun. Il n'est pas besoin d'avertissement à cet égard. Pour que la présomption soit détruite, il est rigoureusement nécessaire que la défensibilité ait été déclarée par un acte formel et légal. Tout pâturage exercé en l'absence de cet acte est un délit, rien ne peut le couvrir.

Une fois que l'administration des forêts a constaté dans les bois des particuliers quelles sont les parties défensables, elle a consommé son ministère. Que si, par la suite, il s'élève entre les propriétaires et les usagers des contestations sur le nombre des animaux que ceux-ci peuvent envoyer dans les parties de bois déclarées défensables, c'est aux tribunaux seuls à statuer à cet égard, d'après les titres et les droits des parties.

Et, en cas de contestation sur la possibilité et l'état des forêts, il y aura lieu à recours au conseil de préfecture contre les décisions de l'administration forestière.

Les décisions du conseil de préfecture sont elles-mêmes susceptibles de pourvoi au conseil d'État, et ce pourvoi est suspensif.

Le cantonnement ne pouvait s'appliquer aux droits d'usage quelconque, tels que pâturage, panage, glandée. Il fallait pourtant trouver un moyen d'en dégrever les forêts de l'État. Ce moyen fut le recours au bénéfice de l'indemmité. Ainsi, le gouvernement doit racheter ces droits d'usage moyennant une indemnité qui sera réglée de gré à gré ou, en cas de contestation, par les tribunaux. Néanmoins, le rachat ne pourra être requis par l'administration dans les lieux où l'exercice du droit de pâturage est devenu d'une absolue nécessité pour les habitants d'une ou de plusieurs communes. La commune invoque cette nécessité quand l'administration forestière requiert le rachat. Le conseil de préfecture, autorité administrative, est compétent pour statuer sur la contestation (elle ne porte que sur un fait). Une enquête *de commodo* et *incommodo* doit avoir lieu préalablement à la décision du conseil de préfecture, décision susceptible de recours au conseil d'État.

DE L'USAGE DANS LES BOIS DES PARTICULIERS.

Le droit d'usage dans les bois des particuliers se règle d'après le titre constitutif du droit. A défaut de convention spéciale, on pourra appliquer les règles que nous venons de citer, sauf deux exceptions : la première c'est que le Code forestier n'interdit pas aux propriétaires de céder des droits d'usage dans leurs forêts, la seconde c'est qu'en cas de discussions relatives à ce droit d'usage, les constestations seront portées devant les tribunaux ordinaires.

DES SERVITUDES.

(Code Nap., 637-640, 686-711.)

Une servitude est une charge imposée sur un héritage pour l'usage et l'utilité d'un héritage appartenant à un autre propriétaire.

Une servitude est un démembrement du droit de propriété d'une chose, un droit réel dans la chose, *jus in re,* soit que ce droit existe au profit d'une personne, soit qu'on l'ait concédé pour l'usage ou l'utilité d'un fonds. Dans le premier cas, la servitude se nomme servitude personnelle : ainsi, l'usufruit, l'usage et l'habitation sont des servitudes personnelles ; dans le second cas la servitude s'appelle servitude réelle, et ne peut exister que sur un fonds et au profit d'un fonds.

Le Code a bien soin de ne donner le nom de servitudes qu'aux services fonciers. Il ne se sert pas de ce nom pour l'usufruit, l'usage, l'habitation, de peur de réveiller la susceptibité chatouilleuse des gens assez peu versés dans la connaissance du droit pour croire qu'on aurait voulu rétablir les droits féodaux, abolis par l'assemblée constituante. C'est par suite de cette idée que l'art. 638 déclare que la servitude n'établit aucune prééminence d'un héritage sur l'autre, aucune suprématie, soit honorifique, soit politique, du propriétaire de l'un des fonds sur le propriétaire de l'autre fonds.

On appelle fonds dominant l'immeuble au profit duquel est établie la servitude, et fonds servant celui sur lequel elle frappe. Par rapport à ce dernier la servitude est une charge ; mais, par rapport au fonds dominant, c'est un droit. La servitude n'est donc autre chose qu'une modification de la propriété, qui consiste à attribuer à un autre qu'au propriétaire certains avantages sur une chose.

5068

Suivant l'art. 639, les servitudes dérivent ou de la situation naturelle des lieux ou des dispositions de la loi ou, enfin, du fait des propriétaires. Ainsi, le législateur reconnaît trois classes de servitudes. Mais, selon nous, et pour employer les mots du Code, les servitudes dérivant de la situation naturelle des lieux ou des dispositions de la loi ne sont pas de véritables servitudes. Et, en effet, qu'est-ce qu'une servitude? n'est-ce pas une atteinte, une entrave apportée à la liberté des héritages, qui est le droit commun? N'est-ce pas une exception, une dérogation a ce qui est de règle? Il n'y a en effet de véritables servitudes que celles constituées par le fait de l'homme. Je vais plus loin et je dis que, lors même que l'on consentirait à voir des servitudes dans les règles générales tendant à limiter le droit de propriété, on ne saisirait pas la distinction que le législateur a voulu créer entre les servitudes établies par la loi et celles dérivant de la situation des lieux. Car on ne peut assigner à ces dernières d'autre origine que les dispositions de la loi. C'est à cause de la situation même des lieux que la loi les impose, tandis que les autres ne sont fondées que sur l'intérêt de la propriété foncière. Ceux qui admettent l'existence des servitudes établies par la loi doivent ranger dans la même classe celles que le Code fait dériver de la situation naturelle des lieux.

Ainsi, en réalité, il n'y a de véritables servitudes que les servitudes établies par le fait de l'homme ; ce sont celles-là seulement que j'ai à examiner.

DES SERVITUDES ÉTABLIES PAR LE FAIT DE L'HOMME.

Il est permis aux propriétaires d'établir sur leurs propriétés ou en faveur de leurs propriétés telles servitudes que bon leur semble, pourvu que ces services n'aient rien de contraire à

l'ordre public, ce qui s'applique surtout, en matière de servitudes, aux précautions exigées pour certaines constructions
par l'art. 674 ; aucune convention entre propriétaires voisins ne
saurait les affranchir des règlements de police limitant à Paris la
hauteur des maisons. La loi exige de plus que les services établis ne soient imposés ni à la personne ni en faveur de la personne,
mais seulement à un fonds et pour un fonds. Elle ne veut pas,
entendons-nous bien, dire par là qu'il n'y aura plus de servitudes
personnelles, non. Sa pensée est que les servitudes réelles enta-
chées de personnalité seront nulles comme services fonciers; telle,
par exemple, serait la convention par laquelle le fonds A aurait
le droit de chasse sur le fonds B, que le fonds A serait tenu de
curer les fossés du fonds B. Sous la forme mensongère de services fonciers établis sur un fonds en faveur d'un autre fonds,
ce sont des droits établis au profit des personnes, et c'est pour
punir ces mensonges, pour les empêcher, que la loi affecte d'une
nullité radicale ces servitudes-là.

Pour savoir si le droit qu'on présente comme constituant une
servitude foncière mérite ou non cette qualité, s'il doit être
maintenu ou annulé comme entaché de personnalité, il faut
examiner : 1° s'il est établi entre deux immeubles; 2° s'il est à
la charge d'un des fonds et au profit de l'autre.

L'art. 687 divise les servitudes en urbaines et rurales, selon
qu'elles s'appliquent aux bâtiments ou aux fonds de terre. Mais
cette division, qui n'était pas sans importance en droit romain,
puisque les servitudes rurales seules s'acquéraient par manci-
pation, n'a plus chez nous aucune utilité. C'est une importation
hétérogène.

Il n'en est pas de même de la classification des servitudes en
continues et discontinues, en apparentes et non apparentes.

Les servitudes continues sont celles dont l'usage est ou peut
être continuel, sans avoir besoin du fait actuel de l'homme :

tels sont les conduites d'eau, les égouts, les vues et autres de cette espèce.

Les servitudes discontinues sont celles qui ont besoin du fait actuel de l'homme pour être exercées : tels sont les droits de passage, puisage, pacage et autres.

Les servitudes apparentes sont celles qui s'annoncent par des ouvrages extérieurs, tels qu'une porte, un aqueduc, une fenêtre.

Les servitudes non apparentes sont celles qui n'ont pas de signe extérieur de leur existence, comme par exemple, la prohibition de bâtir sur un fonds ou de ne bâtir qu'à une hauteur déterminée.

Une autre division des servitudes qu'il est bon d'indiquer les classe en *affirmatives* et *négatives*; les premières sont celles qui autorisent le propriétaire du fonds dominant à faire certains actes sur le fonds servant; par exemple, à passer, à puiser de l'eau; les secondes sont celles qui empêchent le propriétaire du fonds servant de faire certains actes, par exemple, d'exhausser sa maison, de planter dans telle partie de sa propriété.

COMMENT S'ÉTABLISSENT LES SERVITUDES.

Les servitudes continues et apparentes s'acquièrent par titre ou par la possession de trente ans.

Le Code a établi une règle uniforme, parce que, dans certains pays coutumiers, les servitudes discontinues et non apparentes pouvaient s'acquérir, ici par une possession de trente ans, là par une possession de cent ans, ailleurs par une possession immémoriale. Toutefois, le législateur, voulant ne donner à sa règle aucun effet rétroactif et respecter les droits acquis, maintient les servitudes discontinues ou non apparentes déjà établies par prescription lors de la promulgation de ce titre (10 février 1804).

Ainsi, toutes espèces de servitudes s'établissent par titre. Par prescription, les seules servitudes continues et apparentes. Ces dernières servitudes peuvent encore s'établir par destination du père de famille. Il n'y a destination du père de famille que lorsqu'il est prouvé que les deux fonds actuellement divisés ont appartenu au même propriétaire, et que c'est par lui que les choses ont été mises dans l'état duquel résulte la servitude. Lorsque deux héritages appartiennent au même maître, le service que l'un tire de l'autre, comme, par exemple, lorsqu'une maison a une vue sur un jardin qui la touche, n'est pas servitude, *quia res sua nemini servit;* que si la maison et le jardin viennent à appartenir à différents maîtres, le service que la maison tire du jardin, qui était destination du père de famille, devient un droit de servitude, sans que l'acte contienne aucune clause sur cette servitude. La servitude s'établit, dans ce cas, par la volonté présumée des contractants. Celui qui invoque la destination du père de famille doit prouver : 1° que les deux héritages ont appartenu au même propriétaire ; 2° que c'est par lui que les choses ont été mises dans l'état duquel résulte la servitude.

L'art. 694 règle un autre cas de servitude. Si le propriétaire de deux héritages entre lesquels il existe un signe apparent de servitude dispose de l'un des héritages, sans que le contrat contienne aucune convention relative à la servitude, elle continue d'exister activement ou passivement en faveur du fonds aliéné ou sur le fonds aliéné. Cet article a été et est encore le sujet de nombreuses controverses.

. Il faut, d'après nous, l'interpréter ainsi : la servitude sera encore établie en l'absence de toute clause contraire dans l'acte de disposition de l'un des deux fonds, s'il existe un signe apparent de servitude lors du contrat d'aliénation dont il importe de représenter le titre, et ce, quand bien même les choses n'auraient pas été mises en cet état par le même propriétaire.

Quand le titre qui constate l'existence de servitudes qui ne peuvent s'établir par prescription a été perdu, il ne peut être remplacé que par un acte récognitif de la servitude émanant du propriétaire du fonds asservi; il ne doit pas nécessairement relater la teneur du titre primitif.

DES DROITS DU PROPRIÉTAIRE DU FONDS AUQUEL LA SERVITUDE EST DUE.

L'étendue, le mode des servitudes sont réglés le plus souvent par le titre qui les constitue. Celui auquel une servitude est due a droit de faire tous les ouvrages nécessaires pour en user et pour la conserver. Ces ouvrages sont à ses frais et non à ceux du propriétaire du fonds assujetti; cependant on peut stipuler le contraire dans le titre d'établissement de la servitude. Alors même, dans ce dernier cas, comme c'est le fonds qui est le seul débiteur, en l'abandonnant le propriétaire pourra toujours se débarrasser de la charge d'entretien ou d'établissement ; pourtant il ne sera pas toujours obligé d'abandonner le fonds entier, mais quelquefois partie seulement des fonds pour l'exercice de la servitude.

Quand on établit une servitude, on est censé accorder tout ce qui est nécessaire pour en user; ainsi la servitude de puiser de l'eau à la fontaine d'autrui emporte nécessairement le droit de passage.

Aucun des deux propriétaires ne peut, par son fait, nuire au droit de l'autre; ainsi, le propriétaire du fonds servant ne peut changer l'état des lieux, transporter l'exercice de la servitude dans un endroit différent de celui où elle a été assignée; mais

si cette assignation était devenue plus onéreuse au propriétaire du fonds assujetti, ou si elle l'empêchait d'y faire des
réparations avantageuses, il pourrait offrir au propriétaire de
l'autre fonds un endroit plus commode pour l'exercice de ses
droits, et celui-ci ne pourrait le refuser.

On ne peut passer pour moitié, pour un tiers, pour un quart ;
les servitudes sont donc indivisibles. Si le fonds dominant vient
à être divisé, la servitude reste due pour chaque portion, sans
que, néanmoins, la condition du fonds assujetti soit aggravée.
Relativement au droit de passage, tous les copropriétaires de-
vront l'exercer par le même endroit. Il en est de même de la
division du fonds servant.

COMMENT S'ÉTEIGNENT LES SERVITUDES.

Les servitudes s'éteignent :

1° Par le non usage pendant trente ans. Ces trente années,
manifestation suffisante d'une renonciation à la servitude,
commencent à courir du jour où l'on a cessé de jouir de la
servitude, s'il s'agit de servitudes discontinues. S'il s'agit de
servitudes continues, du jour où il a été fait un acte contraire
à la servitude. Il n'y a pas lieu à distinguer si le non usage
provient du fait du propriétaire ou d'une force majeure.

Que si le fonds dominant appartient à plusieurs, la jouissance
de l'un empêche la prescription à l'égard de tous ; et quand,
parmi les copropriétaires, il s'en trouvera un contre lequel la
prescription n'ait pu courir, il aura conservé le droit de tous
les autres, parce que le droit de servitude est indivisible, *in
individuis minor relevat majorem*.

2° Par confusion, c'est-à-dire par la réunion dans la même
main des fonds servant et dominant. L'extinction des servitudes
par la réunion dans la même main du fonds qui doit la servi-

tude, et de celui à qui elle est due, est une conséquence nécessaire de la règle *nemini sua res servit* ; c'est comme propriétaire,
et non à titre de servitude, que le maître des deux fonds pourra
désormais régler leurs rapports.

3° Par la remise qu'en fait le propriétaire du fonds dominant.

4° Par la résolution du droit de celui qui a constitué la servitude : *resoluto jure dantis, resolvitur jus accipientis.*

5° Par l'échéance du terme.

6° Par l'événement de la condition.

7° Enfin, par l'abandon du fonds servant.

POSITIONS.

I. Il n'existe pas d'usage légal.

II. L'usager jouit-il par lui-même ? — Il faut distinguer.

III. L'usager ne peut prendre la quantité de fruits nécessaires
à ses besoins que sur le revenu brut, et à la charge par lui de
supporter une portion des contributions et frais de culture.

IV. A qui appartient l'action en affranchissement d'usage
par voies de cantonnement ? — Au gouvernement seul, non aux
usagers.

V. Le propriétaire du fonds servant qui veut se soustraire
aux obligations qui lui sont imposées par suite de la servitude
est-il tenu de faire l'abandon total du fonds? — Il faut distinguer.

VI. L'art. 694 règle une hypothèse autre que celle des articles 692 et 693.

VII. Le non usage volontaire ou forcé d'une servitude pendant trente ans l'éteint complètement.

VIII. Les servitudes continues et apparentes peuvent se prescrire par dix et vingt ans.

Vu par le Président,
DE VALROGER.

Vu par le Doyen,
C.-A. PELLAT.

www.ingramcontent.com/pod-product-compliance
Lightning Source LLC
Chambersburg PA
CBHW032256210326
41520CB00048B/5252